Los trabajos de los perros

Los perros pastores

por Marie Brandle

Bullfrog en español

Ideas para padres y maestros

Bullfrog Books permite a los niños practicar la lectura de textos informativos desde el nivel principiante. Las repeticiones, palabras conocidas y descripciones en las imágenes ayudan a los lectores principiantes.

Antes de leer
- Hablen acerca de las fotografías. ¿Qué representan para ellos?
- Consulten juntos el glosario de las fotografías. Lean las palabras y hablen de ellas.

Durante la lectura
- Hojeen el libro y observen las fotografías. Deje que el niño haga preguntas. Muestre las descripciones en las imágenes.
- Léale el libro al niño o deje que él o ella lo lea independientemente.

Después de leer
- Anime al niño para que piense más. Pregúntele: ¿Sabías acerca de los perros pastores antes de leer este libro? ¿Qué más te gustaría aprender sobre ellos?

Bullfrog Books are published by Jump!
5357 Penn Avenue South
Minneapolis, MN 55419
www.jumplibrary.com

Copyright © 2022 Jump! International copyright reserved in all countries. No part of this book may be reproduced in any form without written permission from the publisher.

Library of Congress Cataloging-in-Publication Data

Names: Brandle, Marie, 1989– author.
Title: Los perros pastores / por Marie Brandle.
Other titles: Herding dogs. Spanish
Description: Minneapolis: Jump!, Inc., 2022.
Series: Los trabajos de los perros
Includes index. | Audience: Ages 5–8
Identifiers: LCCN 2021034414 (print)
LCCN 2021034415 (ebook)
ISBN 9781636904214 (hardcover)
ISBN 9781636904221 (paperback)
ISBN 9781636904238 (ebook)
Subjects: LCSH: Herding dogs—Juvenile literature.
Classification: LCC SF428.6 .B7318 2022 (print)
LCC SF428.6 .B7318 2022 (ebook) | DDC 636.737—dc23
LC record available at https://lccn.loc.gov/2021034414
LC ebook record available at https://lccn.loc.gov/2021034415

Editor: Eliza Leahy
Designer: Molly Ballanger
Translator: Annette Granat

Photo Credits: Maja H./Shutterstock, cover (dog); Budimir Jevtic/Shutterstock, cover (sheep); Erik Lam/Shutterstock, 1; Eric Isselee/Shutterstock, 3, 24; Anne Richard/Shutterstock, 4, 20–21; Darlene Cutshall/Shutterstock, 5, 23tl; tkyszk/Shutterstock, 6–7; Grant Faint/Getty, 8–9, 23tr, 23bl; ms.yenes/Shutterstock, 10; Elton Abreu/Shutterstock, 11, 12–13, 23br; Shutterstock, 14–15, 16; Phil Silverman/Shutterstock, 17; Pete Oxford/Minden Pictures/SuperStock, 18–19; AngelaMedler/iStock, 22tl; michelangeloop/Shutterstock, 22tm; Sally Wallis/Shutterstock, 22tr; daseaford/Shutterstock, 22bl; Marcelino Pozo Ruiz/Shutterstock, 22bm; Danny Ye/Shutterstock, 22br.

Printed in the United States of America at Corporate Graphics in North Mankato, Minnesota.

Tabla de contenido

En la granja	4
En el trabajo	22
Glosario de fotografías	23
Índice	24
Para aprender más	24

En la granja

¡Esta es una perra pastora!

Su trabajo es arrear los animales de granja.

Ella corre en círculos alrededor de ellos.

Ella mueve las ovejas de un campo a otro.

Ellas encuentran más hierba para comer.

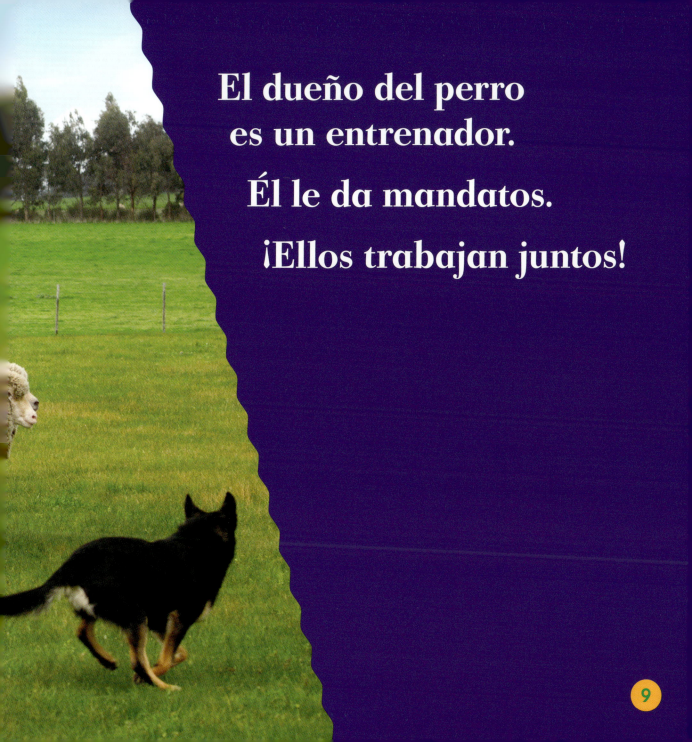

El dueño del perro es un entrenador.

Él le da mandatos.

¡Ellos trabajan juntos!

Este perro pastor ladra.

Luego corre hacia las vacas.

Las vacas se mueven en una dirección.

12

¡Oh, no! Hay una que se aparta.

El perro la arrea también.

Estar juntas mantiene a las vacas a salvo.

Los perros arrean muchos animales de granja.

Este perro arrea cabras.

Él las guía.

Este perro arrea gallinas.

¡Este arrea patos!

Algunos perros pastores trabajan juntos.

Ya casi es de noche.

El perro arrea las ovejas hacia el establo.

¡Ahí se mantienen a salvo!

En el trabajo

Los perros pastores arrean muchos tipos de animales de granja. ¡Échales un vistazo a algunos de ellos!

Glosario de fotografías

arrear
Mover animales en un grupo.

entrenador
Una persona que entrena o controla un animal.

mandatos
Órdenes que se dan.

se aparta
Un animal que se separa de su grupo.

Índice

cabras 14
campo 6
corre 5, 11
entrenador 9
establo 20
gallinas 16
ladra 10
ovejas 6, 20
patos 17
se aparta 13
trabajo 5
vacas 11, 13

Para aprender más

Aprender más es tan fácil como contar de 1 a 3.

❶ Visita www.factsurfer.com

❷ Escribe "losperrospastores" en la caja de búsqueda.

❸ Elige tu libro para ver una lista de sitios web.